科学与工程实践丛书 | 总策划 周忠和

磁与磁悬浮列车

主 编 黄 晓 王耀村

浙江科学技术出版社

版权所有　侵权必究

图书在版编目（CIP）数据

磁与磁悬浮列车 / 黄晓，王耀村主编. — 杭州：浙江科学技术出版社，2023.9
（科学与工程实践丛书 / 黄晓，王耀村主编）
ISBN 978-7-5739-0704-2

Ⅰ．①磁… Ⅱ．①黄… ②王… Ⅲ．①磁悬浮列车－研究 Ⅳ．①U292.91

中国国家版本馆CIP数据核字（2023）第135368号

丛 书 名	科学与工程实践丛书			
书　　名	磁与磁悬浮列车			
主　　编	黄　晓　王耀村			
出版发行	浙江科学技术出版社 杭州市体育场路 347 号　　邮政编码：310006 办公室电话：0571-85176593 销售部电话：0571-85062597 E－mail：zkpress@zkpress.com			
排　　版	杭州万方图书有限公司			
印　　刷	杭州捷派印务有限公司			
开　　本	787×1092　1/16	印　张	6	
字　　数	67 000			
版　　次	2023 年 9 月第 1 版	印　次	2023 年 9 月第 1 次印刷	
书　　号	ISBN 978-7-5739-0704-2	定　价	29.80 元	

策划编辑　莫亚元　　　责任编辑　苏亚娟　朱　莉
责任校对　陈宇珊　　　责任美编　金　晖
责任印务　田　文

科学与工程实践丛书编委会

总策划 周忠和（中国科学院院士）

主　编 黄　晓　王耀村

副主编 吴英策　林长春

本 册 主 编 郑思晨

本 册 副 主 编 汪再慧

本册编写人员 马亚丽　尹钰钿　叶　潇
　　　　　　　　史加祥　曹晓靓

习近平总书记指出，要在教育"双减"中做好科学教育加法，激发青少年好奇心、想象力、探求欲，培育具备科学家潜质、愿意献身科学研究事业的青少年群体。科学教育是基础教育的基础。在"双减"背景下，给科学教育做加法，应该加什么？怎么加？浙江师范大学科学教育研究中心主任黄晓教授团队编写的丛书，用实际行动回应了这些教育界的关切。

为了做有原创价值的科学与工程实践教育课程，团队成员扎根中国本土科学教育实践，开阔国际视野，在引进和改编美国"科学与工程实践教学用书"的基础上，编写了适合我国学生使用的"科学与工程实践丛书"。

"科学与工程实践丛书"共6册，每册围绕一个主题划分为若干个项目，以真实情境任务作为主线贯穿始终，在各项目中融入相应的学习任务，强调科学探究与工程设计过程，重视探究问题的提出、探究活动的体验和科学方法的应用。

"科学与工程实践丛书"努力做好科学教育加法，主要表现为：

1.**突显基于项目的学习关照**。围绕六个与学生生活和社会发展息息相关的主题进行项目设计，以真实情境任务作为明线贯穿始终，强调基于真实任务的方案设计、建模过程与问题解决，做好科学探究与工程实践的加法。

2. 重视科学方法与科学思维。丛书围绕科学方法与科学思维，在内容编写时融入了观察、测量、预测、分类、比较、解释、推理、控制变量等科学方法，以及科学推理、科学论证、模型建构、质疑创新等科学思维，做好科学方法与科学思维的加法。

"科学与工程实践丛书"与现行义务教育课程标准要求匹配，围绕学生熟悉的六个主题，呈现挑战或问题，融合科学、社会、语言表达艺术、数学等多学科知识应用，为学生创设科学与工程实践过程体验，让学生自主设计、实验和解决问题，以提升实践能力、创新能力和问题解决能力。

中国科学院院士
美国国家科学院外籍院士
发展中国家科学院院士
第十四届全国政协常委
中国科普作家协会理事会理事长

目录

　　🚅　**实践背景**　　　　　　　　　　　　　　　　/ 1

　　🚅　**项目一　磁的奥秘**　　　　　　　　　　　　/ 5

　　　　1.1　我的旅行小助手　　　　　　　　　　　　/ 6

　　　　1.2　小磁铁大力气　　　　　　　　　　　　　/ 12

　　　　1.3　"悬浮飞驰"的列车　　　　　　　　　　 / 18

　　　　1.4　环球旅行　　　　　　　　　　　　　　　/ 23

　　🚅　**项目二　神奇的列车**　　　　　　　　　　　/ 29

　　　　2.1　"火车"的前世今生　　　　　　　　　　 / 30

　　　　2.2　列车时刻我来算　　　　　　　　　　　　/ 34

　　　　2.3　魔幻神秘的磁力　　　　　　　　　　　　/ 39

　　　　2.4　乘船去旅行　　　　　　　　　　　　　　/ 43

项目三　便利的交通　　　　　　　　/ 49

3.1　旅游预算"小能手"　　　　　　/ 50

3.2　交通工具大比拼　　　　　　　　/ 53

3.3　电磁铁——磁悬浮的运动原理　　/ 58

3.4　新驱动助力　　　　　　　　　　/ 62

3.5　加速前进　　　　　　　　　　　/ 65

项目四　我的列车我做主　　　　　　/ 68

4.1　列车速度我规划　　　　　　　　/ 69

4.2　我让列车跑起来　　　　　　　　/ 72

4.3　我是小小设计师　　　　　　　　/ 76

4.4　我的磁悬浮列车　　　　　　　　/ 82

参考文献　　　　　　　　　　　　　　/ 87

实践背景

小思的爸爸妈妈坚信"行万里路，读万卷书"的道理，于是在每个假期都会安排全家出游，先是周边游，再是省内游。小思渐渐长大，风景与人文俱佳的景点也逐渐成为他们一家理想的旅游目的地。然而，有些旅游景点离家较远，家用轿车已不能满足出行的需要。

这个假期，爸爸妈妈决定带小思去武汉这座英雄的城市，并领略古诗"孤帆远影碧空尽，唯见长江天际流"中的景色。

小思还没有坐过飞机，所以爸爸妈妈想带他体验一回，可爷爷奶奶一听说要坐飞机，立马表示他们不去了，因为奶奶害怕坐飞机！

小思是爷爷奶奶带大的，以前也都是一家五口一起出游，现在爷爷奶奶不想去，小思觉得很是失望，劝说爷爷奶奶半天未果后，小思泪汪汪地跑回了自己房间。

原本拿着手机准备订飞机票的爸爸妈妈也停止了搜索，奶奶更是觉得内疚，无奈地垂下了头……开开心心的出游计划就这样搁置了。

晚饭时，爸爸突然宣布："小思好好吃饭，我们两周后去武汉看黄鹤楼，爷爷奶奶也一起去哦！"正闷头数着饭粒的小思立刻抬起头，两眼放光："真的吗？真的吗？太好了！"爸爸妈妈相视一笑，异口同声地回答："当然了！""我们坐火车去，刚好咱们市有直达武汉的火车，可惜没有高铁，路上时间会久一些。"

"欧耶！"小思高兴得从椅子上跳了起来。妈妈说："其实坐火车蛮好的，我们这一路要经过几个省份，欣赏到好几种不同的地形，火车会钻山洞、过湖泊，还会在高架桥上行驶，可以领略不同的自然风光。而且，与飞机上狭窄的座椅不同，火车上空间大，活动比较方便，人也比较舒适。"

听妈妈说完这些，爷爷奶奶更加开心了。爸爸又补充道："火车票可比飞机票便宜多了，现在假期飞机票都不打折了，火车票还是老价格，我们一家五口会省下不少钱哦！最关键的是还环保！火车比飞机或汽车都更节省能源，碳排放也相对较少，是较为环保的交通工具。"

小思抬起头问爸爸："是不是可以说，我们坐火车去武汉是性价比最高的选择啊？"爸爸回答："是的！"小思高兴得跳起来，围着餐桌边转圈儿边喊："我要去武汉喽！我要去武汉喽！"

临睡觉前，小思又把全家人叫到客厅，说自己想起前几天看见的一则新闻：原本只在上海浦东机场和地铁龙阳路站运行的磁悬浮列车，已规划要在杭州和上海之间建设了。"如果杭州和上海的磁悬浮列车建好了，是不是全中国甚至全世界都可以建造磁悬浮列车了？那样我们是不是就可以带着奶奶一起环游世界啦？"

"磁悬浮列车？"不太关注科技发展的爷爷闻所未闻，"时速600千米？怎么可能？磁悬浮列车毕竟也是火车，而且飞机的时速也就800千米吧。"

"爷爷，是真的，上海的磁悬浮列车已经运营好多年了！我现在还解释不清其中的原理，但我们有课程就是研究磁悬浮列车的，等我上了课，和好朋友特特、小伊、茉茉一起弄明白了，就回来告诉你磁悬浮列车是怎么达到时速600千米的！我先去睡觉了，两周后我们一起去武汉哦！"

科学与工程实践小组成员

小思　　　　茉茉　　　　小伊　　　　特特

小思： 好奇心强，善于从身边的事物中发现问题，擅长开展科学探究活动，观察生活中的现象，能够通过观察、调查和实验等方式解决问题。

茉茉： 勤学善思，擅长逻辑推理，具有较强的洞察力和数学运算能力，善于使用测量工具，懂得从定量的角度解释现象，能够使用多种数学方法解决真实问题。

小伊： 思维敏捷，动手能力较强，能够借鉴前人的智慧，善于利用工程设计流程完成产品的设计与制作，能够根据产品的需求，进行反复的修改。

特特： 自信勇敢，勇于创新，精于使用各种工具，擅长运用各种技术收集资料、分析问题并解决问题。懂得在尊重自然规律的基础上改造世界，实现与自然界的和谐共处，解决社会发展过程中遇到的难题。

项目一

磁的奥秘

项目活动

在本项目中,我们将学习地图的相关概念,并动手绘制旅行地图;将认识磁铁的性质,并通过制作指南针与磁悬浮笔进一步加深对磁的理解;将对交通工具进行比较,认识磁悬浮列车具有快速便捷的优势;将结合地球仪各个要素的定义,完成地球仪的制作,从平面和立体两个方面来认识世界之大,进而感知跨越山河的交通工具在出行中的重要作用。

1.1 我的旅行小助手

当我们外出时，通常会使用手机定位来寻找目的地，但当手机电量耗尽时，纸质地图则是你的最佳导航工具。下面让我们一起来学习包罗万象的地图！

旅行地图

出行前，我们除了需要确定目的地，还要计算到达目的地需要的时间，以便有足够的时间安排行程。对于熟悉的地方，我们很快就可以知道所需的时间，但对于从来没去过的地方，我们又该如何计算所需时间呢？

首先，我们需要知道自己所在的位置距离目的地的路程，以及所选交通工具的速度。

路程是指人、交通工具走过或驶过的距离。

项目一 磁的奥秘

我们在学习了地图的基本知识后,就可以尝试自己看地图,计算出两地之间的距离啦!

两地间的距离

速度表示物体运动的快慢。国际单位制中速度的单位是米每秒。

我们在出行前,要选择合适的交通工具,而不同的交通工具,它们的速度也是不同的。(本项目第三节介绍了部分交通工具的速度)

各种交通工具

掌握了路程和速度两个信息,我们便可以计算出到达目的地需要的时间啦!

磁与磁悬浮列车

是什么

时间可以表示事件持续过程的长短。我们通常使用的公式如下：

时间＝路程÷速度

科学与工程实践活动 创作自己的旅行地图

● **活动材料**

地图，塑料直尺等。

地图

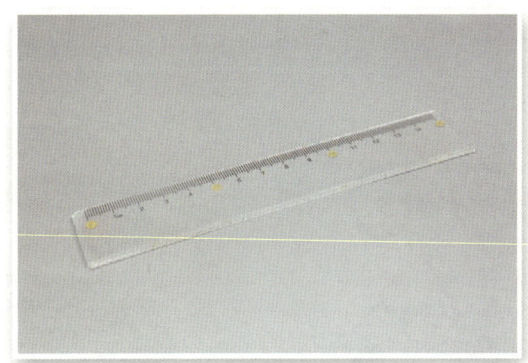
塑料直尺

● **活动要求**

1. 在地图上，用笔圈出你想要去的景点以及你家的所在地。
2. 选择前往景点的交通工具，查阅资料获取它们的平均速度。
3. 用直尺测量地图上家庭住址到景点的线段长度。

是什么

【地图】——地图能显示大范围地区甚至整个国家、整个大洲、整个地球表面地理事物的分布。地图在显示地理事物分布时,是按照一定比例将地理事物缩小,并用各种符号将其表示在平面图纸上的。

观察各种地图,我们会发现一些相同点,而它们正是构成地图的基本要素:比例尺、图例、指向标。

【比例尺】——比例尺表示图上一条线段的长度与地面相应线段的实际长度之比。

比例尺＝图上线段长度:实际长度

如某地图中,比例尺如下:

$$1:48\,000\,000$$

表示地图中1厘米的长度,对应现实生活中48 000 000厘米(即480千米)的距离。

【图例】——在地图上表示地理环境各要素,如山脉、河流、城市、铁路等所用的符号叫作图例(通常注明在地图的边角上)。

【指向标】——地图上一种定向的工具,"标尖"的一头指向的地方一般是北方。一般情况下,地图都是采用北方定向,也就是我们经常说的"上北下南"。

小思在暑假外出旅行时，会借助地图来查找路线，但有时候会分不清东南西北，那就没办法使用地图了。此时，就需要指南针来帮忙判断方向。下面，就让我们一起来制作一个简易的指南针，来帮助小思辨别方向吧！

科学与工程实践活动 制作指南针

- 活动材料

若干磁铁

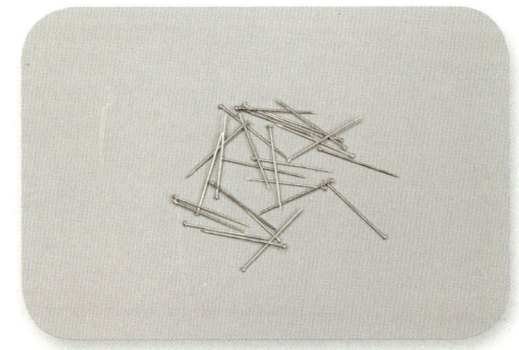

若干大头针

1个瓶盖（直径4厘米左右）

1份地图

项目一　磁的奥秘

若干橡皮泥

1碗水

● **活动步骤**

1.把大头针放在磁铁上,朝同一方向摩擦50次,用橡皮泥把大头针固定在瓶盖上。

2.把瓶盖放到一碗水里,注意针尖的指向。

3.用你所制作的指南针找到地图上的正北方向。

● **思考**

1.大头针针尖的指向是怎样的?

A.始终指南　　B.始终指北　　C.有时指南,有时指北

答案:

2.尝试搜索一下指南针工作的原理,并解释产生该现象的原因。

_____

_____

_____

11

1.2 小磁铁大力气

磁铁在我们日常生活中十分常见，它们有着各种形状。

蹄形磁铁

条形磁铁

环形磁铁

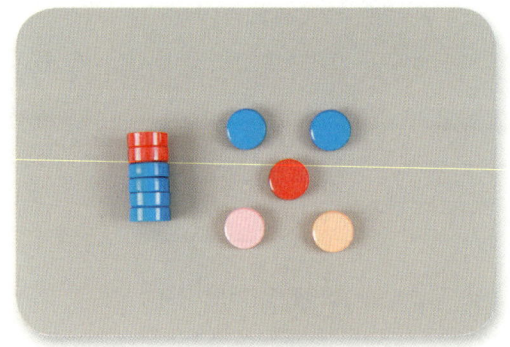

圆形磁铁

你知道吗

为什么磁铁有这么多形状呢？这是因为磁铁在日常生活中有不同的用途，人们根据它们的形状来命名。条形磁铁是日常生活中最常用的磁铁，如冰箱门封条磁铁和指南针就是用它制作的。蹄形磁铁可看作U形的条形磁铁,可以用它拾取不同大小的金属物体。环形磁铁的用途十分广泛,通常用于科学实验,有时也用于医学。圆形磁铁经常作为玩具和新奇的物品出售,可以用它制造流行的桌上玩具,如响尾蛇蛋,也可以用来制作手镯和项链。

在生活中,你是否发现身边有些物品不需要接触就会产生神奇的吸引力?它们吸引的都是哪类物品?这种神奇的吸引力在生活中又有哪些应用呢?现在,就让我们一起通过实验来探索这种神奇的吸引力——磁力吧!

科学与工程实践活动 磁铁找"朋友"

在平时的学习生活中,我们会用到许多物品,其中哪些是磁铁的"朋友"呢?让我们通过实验来解密吧。

● 活动材料

若干条形磁铁

若干图钉

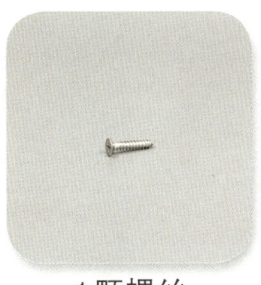
1颗螺丝

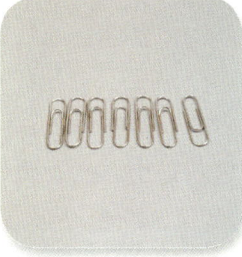
若干回形针

磁与磁悬浮列车

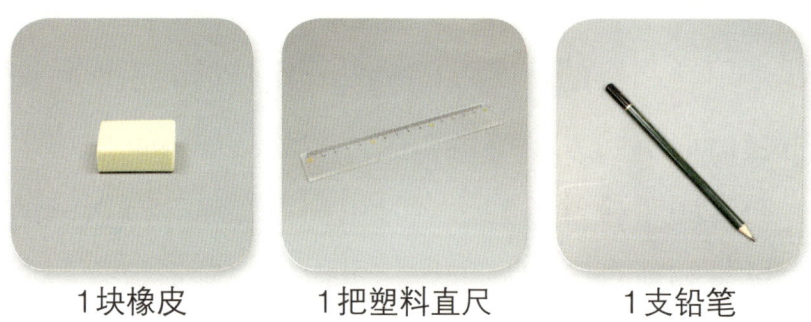

| 1块橡皮 | 1把塑料直尺 | 1支铅笔 |

你认为上述这些物品中哪些会是磁铁的"朋友"呢?让我们一起来找一找!

● **活动步骤**

1. 拿出一根条形磁铁,尝试去吸引图钉。

2. 在下面的表中记录现象(能被吸引/不能被吸引)。

3. 重复上述步骤,完成对螺丝、回形针、橡皮、塑料直尺、铅笔的实验,并记录实验现象。

4. 观察可以被磁铁吸引的物品的特点,记录在表中的相应位置。

磁铁找"朋友"

能被吸引的物品	
不能被吸引的物品	
能被吸引物品的共同点	

与你的小伙伴一起交流一下,你们找到的磁铁的"朋友"相同吗?有没有什么新发现?

是什么

◆ 磁的相关概念

【磁铁】——一种特殊材料,能吸引铁制物品。

【磁极】——磁体上磁性最强的部分。

认识磁

磁铁有两个磁极:

指向北的一端叫北极,通常用N表示;指向南的一端叫南极,通常用S表示。

磁极

◆ 磁铁的性质

【性质1】——磁铁能吸引铁制材料。

【性质2】——同名磁极相互排斥,异名磁极相互吸引。

拓展活动

运用你所学到的有关磁的知识,根据要求完成以下活动内容。

1.根据"是什么"中性质1的内容,利用条形磁铁吸引某种文具并拍照,将照片贴在下页空白处。

2.我们知道了一个磁铁单独作用的效果,那么,如果我们将两个磁铁放在一起会发生什么现象呢?根据"是什么"中性质2的内容,尝试将磁铁的放置方式与现象连线匹配,并用"→ ←"代表相互吸引,用"← →"代表相互排斥,绘制磁铁放置的示意图。

放置方式	现象
N S　N S	相互吸引
N S　S N	相互吸引
S N　N S	相互排斥
S N　S N	相互排斥

课堂练习

请你上网查阅有关指南针的资料，了解它的工作原理，尝试利用所学知识解释"指南针为什么总是一端朝南，一端朝北"这一问题，并完成下列练习。

下图已经给出了地磁北极和地磁南极，请你尝试标出小磁针的北极（N）和南极（S）。

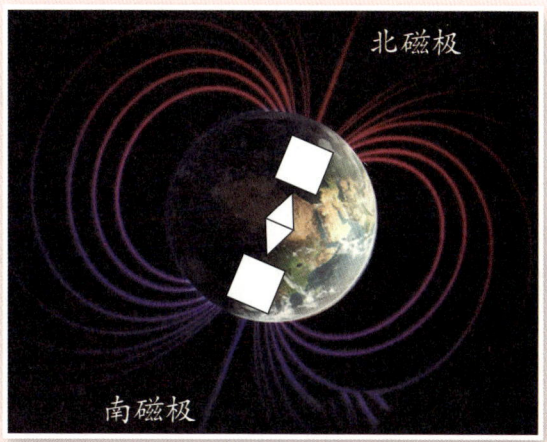

标出磁极

磁与磁悬浮列车

1.3 "悬浮飞驰"的列车

把两块磁铁放在一起,会出现同极相斥、异极相吸的现象,磁悬浮列车就是利用这个原理设计制造的。磁悬浮列车与普通火车有什么区别呢?

普通火车

磁悬浮列车

人们总希望火车的速度越快越好,有人提出将妨碍车速提高的车轮甩掉,设法使列车像飞机在空中飞行一样,在钢轨上腾空行驶,于是没有轮子的火车便诞生了。是的,就像大家所看见的,磁悬浮列车就是没有轮子的列车!

课堂讨论

现代社会中,有许多交通工具供我们出行时选择,如轿车、地铁等。出远门旅游时,我们会选择高铁、飞机等交通工具。那么,你知道它们的速度分别是多少吗?

项目一 磁的奥秘

阅读学习 不同交通工具的速度

在日常生活中，人们的出行方式有步行、自行车、地铁、轿车、高铁、飞机等等，它们的速度有快有慢。

一般步行速度为4~6千米/时，自行车速度为15~20千米/时，地铁速度为60~80千米/时，轿车速度为80~100千米/时，高铁速度为300~450千米/时，飞机速度为700~800千米/时。

步行

自行车

地铁

轿车

高铁

飞机

你们觉得磁悬浮列车的速度与哪种出行方式的速度差不多呢？

磁悬浮列车

600千米/时

磁与磁悬浮列车

你知道吗

磁悬浮列车是通过电磁力实现列车与轨道之间无接触的悬浮和导向，再利用直流电机产生的电磁力牵引列车运行的一种现代高科技轨道交通工具。

目前，国家统筹规划的磁悬浮列车时速为600千米/时，高于高速轮轨列车规划的400千米/时，且高速磁悬浮列车具有无接触摩擦、爬坡能力强、节能环保等优势。

磁悬浮列车没有轮子，却能够高速行驶，这是为什么呢？接下来，我们就来探究"为什么没有轮子的列车还能高速行驶"。

下图是一种磁悬浮列车的设计结构。磁悬浮列车轨道呈T字形，车体则像一个"凹"字将轨道包住。在车体底部和轨道下方安装磁性相反的电磁铁，当轨道通电，轨道下方排列的电磁铁与车体底部的

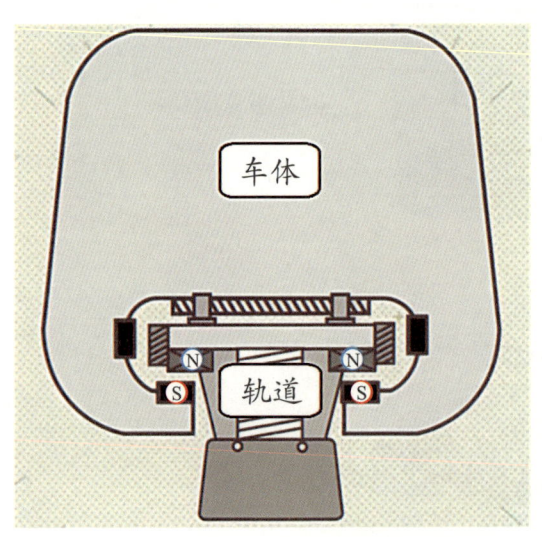 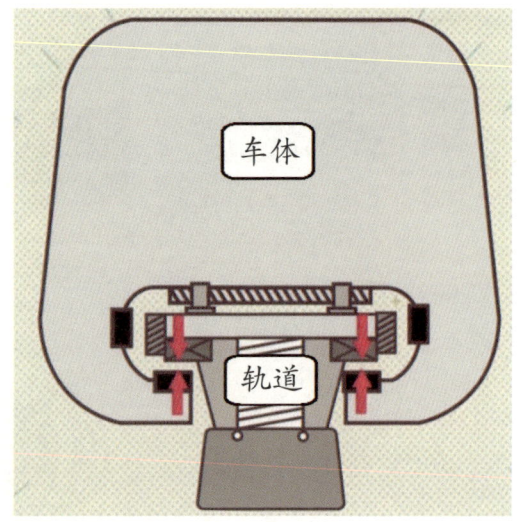

利用电磁力使列车悬浮的原理图

电磁铁就会产生相反的磁场。根据异极相吸的原理，在车体和轨道间产生吸引力，原本压在轨道上的车厢受到向上的力被"吸"起来，当吸引力与车辆的重力平衡时，车体就会成功悬浮在轨道上面。

请你根据下图中的磁极判断出该磁悬浮列车的运动方向，并补充缺少的磁极。开动你的小脑筋，设法让这辆磁悬浮列车运行起来吧！

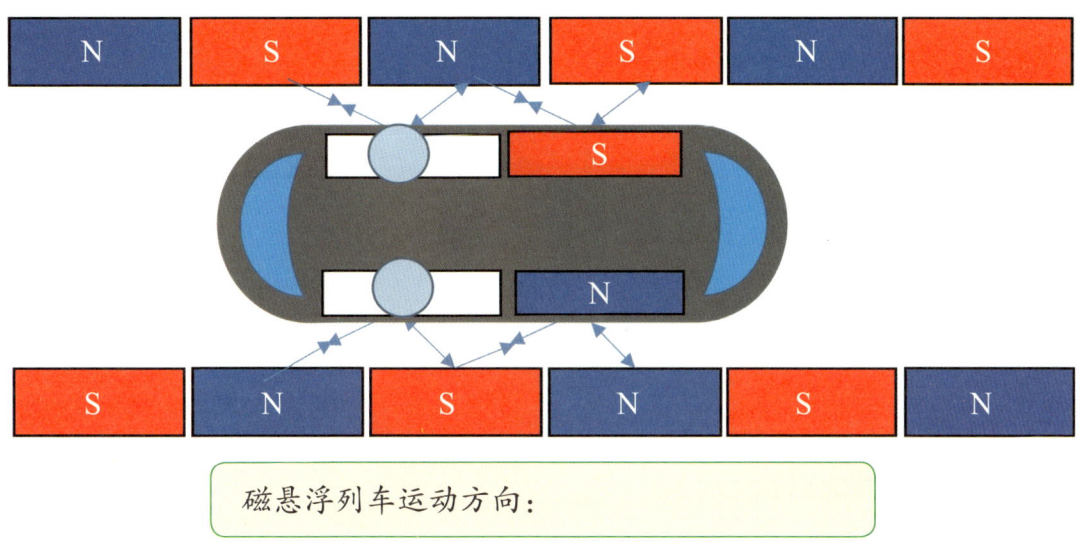

磁悬浮列车运动方向：

利用电磁力牵引列车运行的原理图

科学与工程实践活动 制作磁悬浮笔

学习了磁悬浮列车"漂浮"的基本原理，接下来动动脑筋，让我们一起来制作一支磁悬浮笔吧！

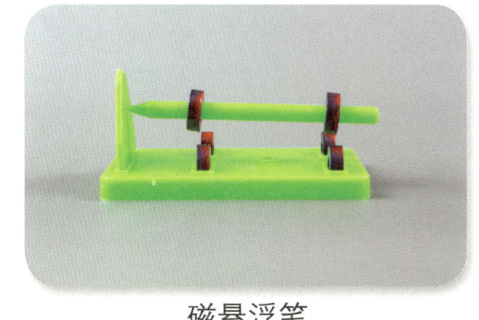

磁悬浮笔

磁与磁悬浮列车

● **活动过程**

1. 如上页图所示,将4块环形磁铁放置于塑料凹槽中。

2. 将另外两块环形磁铁分别套在笔的前端和后端。

3. 调整笔上环形磁铁的位置,使得笔能稳定地悬浮在空中。

● **思考**

1. 用磁悬浮列车能"漂浮"的基本原理来解释磁悬浮笔是如何悬浮在空中的。

2. 你的磁悬浮笔制作成功了吗?你认为它和磁悬浮列车有什么区别?

拓展活动

上网搜索有关磁悬浮列车的视频,可以更直观、更清晰地了解这项技术。请你尝试比较磁悬浮列车与高铁的区别,分析两者的优缺点。

1.4 环球旅行

你是否也想来一场轰轰烈烈的环球旅行呢？去埃及参观雄伟的金字塔，去南极与企鹅玩耍，去马尔代夫感受海岛的魅力……

让我们一起来制作一个地球仪，用地球仪来定位各个旅游地点吧！

地球仪

定义问题

工程师在实施一项工作之前会先定义问题，即通过观察、调查等方式明确问题及其要求。

为此，我们在开始制作地球仪之前，需要了解什么是地球仪。通过查阅资料，小思认识到地球仪是人们为了便于认识地球，而模仿地球的形状，按照一定的比例缩小制作的地球的模型。

关于地球仪，你知道它有哪些基本要素吗？

是什么

【地轴】——拨动地球仪，可以看到它是绕着一根轴转动的。这根轴代表地轴。事实上，地球并不存在这根轴，它是人们假想的轴。地轴与地球表面相交的两点，叫两极。其中，对着北极星方向的点叫北极，它是地球上的最北点。

与北极对应的点叫南极，是地球上的最南点。

【经线】——地球仪上连接南、北两极的线叫作经线，也叫子午线。

【赤道】——在南、北两极中间，与两极等距并且与经线垂直的线叫作赤道。

【纬线】——所有与赤道平行的圆圈叫作纬线，纬线指示东西方向。

【本初子午线】——国际上将通过英国伦敦格林尼治天文台原址的那条经线称为0°经线，也叫本初子午线。

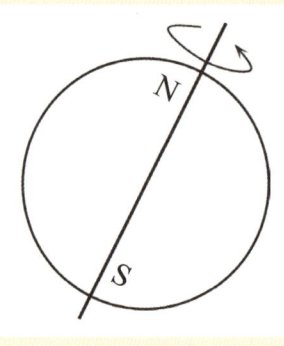

地轴

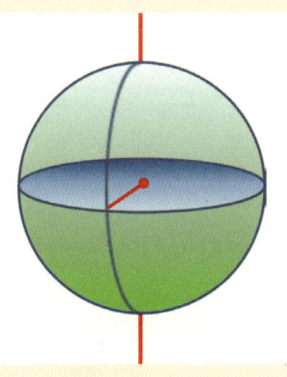

经线与赤道面

 了解问题

定义问题后需要进一步了解问题，即通过查阅相关资料、开展头脑风暴等方法来提出多种解决问题的方案，并选择最优方案。

大家已经认识了地球仪的各个要素，那么如何在你们所制作的地球仪上表现它们呢？

 **拟订解决方案**

接下来,开始拟订解决方案,调查并列出所需的材料,确定制作步骤,并用草图、便笺等形式把方案表现出来。

1 画出地球仪的草图,并说明设计理由。

2 列出制作的步骤。

磁与磁悬浮列车

3 写出制作过程中需要用到的工具、材料和技术。

 尝试解决方案

当小组拟订完解决方案后,就可以开始尝试解决方案,按照设计方案制作模型。

在制作地球仪的过程中遇到了哪些问题?你们是如何处理解决的?

遇到的问题和解决方法

遇到的问题	解决方法

 ### 测试解决方案

一旦建构了模型,就需要对它进行测试。测试解决方案就是用合理的方式测试模型,查看是否达到预期效果,哪些地方还可以改进。

1 地球仪能否正常转动?经纬线是否刻画均匀?能否用你们制作的地球仪来确定位置与方向?

_____
_____
_____

2 通过测试,你们发现地球仪还有哪些可以完善的地方?

_____
_____
_____

 ### 确定解决方案

解决问题不是一蹴而就的,需要反复改进和完善。确定解决方案就是要根据测试结果和他人的反馈,不断改善设计,直到能够完全满足要求为止。

1 根据测试的结果,你们会做出哪些改进?

_____
_____
_____

2 画出改进后的草图，根据改进后的草图进一步完善地球仪。

3 重新测试解决方案，直到地球仪完全满足要求。

 ## 展示与评价

1 向全班同学展示并介绍改进后的地球仪。

2 小组成员对本组的表现进行评价。

3 收集其他小组的意见和建议。

项目二

神奇的列车

项目活动

在本项目中,我们将了解我国列车的发展史;将学习如何计算列车的行驶及停靠时间;将学习如何对磁力进行探究;将运用对磁力和工程设计流程的理解,来完成制作磁力小船的活动任务,并思考如何利用磁力来驱动列车,为人们的生活带来便利。

2.1 "火车"的前世今生

同学们,下面四幅图片为不同时期的列车,你们知道它们的名称吗?请查阅资料并将名称填写在横线上。

① _____

② _____

③ _____

④ _____

请将图中不同时期的列车按照先后顺序进行正确排列(填写序号)。

_____ ➡ _____ ➡ _____ ➡ _____

是什么

火车是用蒸汽机、内燃机、电动机等做动力，在铁路上行驶的车辆，是现代重要的交通运输工具之一。

科学与工程实践活动　可视化的列车发展

上网检索蒸汽火车、内燃机车、电力机车和高速动车四种列车在我国试制成功的时间，将四种列车的名称分别写在便笺纸上，粘贴在下图时间轴的对应位置中。

1940年　　　1960年　　　1980年　　　＿＿＿年　　　2020年

1. 观察时间轴中的一格所代表的时间间隔是多少？＿＿＿＿＿
2. 未标出年份的线段表示的年份是＿＿＿＿＿，你是如何得出的？
3. 观察时间轴中每一格的距离和时间间隔，你有哪些新发现？
4. 你还知道哪些有关列车的发展历史？请把你知道的内容在便笺纸上写下来，添加到时间轴中。
5. 使用透明胶带、晾衣绳、夹子、便笺纸来制作时间轴，直观地表现我国列车发展情况。

磁与磁悬浮列车

阅读学习 从京张铁路到京张高铁

从北京到张家口的铁路长201.2千米，是联结华北和西北的交通要道。清政府任命詹天佑为总工程师，修筑从北京到张家口的铁路。有一家外国报纸轻蔑地说："能在南口以北修筑铁路的中国工程师还没有出世呢。"面对外国人的奚落、嘲讽与鄙夷，詹天佑不甘示弱，在施工过程中攻克了一个个技术难关，在他的坚持和带领下，经过全体施工人员的不懈奋斗，京张铁路终于在1909年正式通车，最高速度为35千米/时。

百年之后，当年积贫积弱的中国已经强大，我国的铁路建造技术已经走在世界前列，修建一条新京张铁路也被提上了议事日程。2019年6月12日上午，新京张铁路，即京张高铁全线铺轨完成。列车首次采用北斗卫星导航系统实现有人值守的无人驾驶，设计最高速度为350千米/时。

中国首条智能化高铁线路上的列车司机，只需按一个按钮就能实现到点自动发车、区间自动运行、到站自动停车、停车自动开门、车门和站台联动，最大限度减少司机的劳动强度。智能列车车身安装有数千个传感器，像带着随车医生一样，随时自检，保障运行安全。此外，列车供电系统也首次采用轮轨式机器人巡检，打破了以前人工检测的局限性。

从京张铁路到京张高铁，百年京张铁路是历史留给我们的宝贵的工业遗产，也是一份中国人自立自强的精神遗产。

● **思考**

1. 从京张铁路到京张高铁，它们有哪些不同？

2. 京张智能高铁列车有哪些优点？

3. 当前我们为什么要发展智能高铁？

2.2 列车时刻我来算

今年暑假，茉茉乘坐了被誉为"中华第一车"的K3/4次列车去莫斯科旅游，列车车次表的停靠时间一栏不小心被撕掉了，如何根据到达时间和开车时间计算停靠时间呢？茉茉陷入了深思。

K3/4次列车车次表

站次	站名	日期	到达时间	开车时间	停靠时间
北京时间					
1	北京	周三	/	11：22	/
2	集宁南	周三	16：56	17：08	
3	二连浩特	周三	21：48	00：59	
乌兰巴托时间					
4	扎门乌德	周四	01：25	02：40	
5	乌兰巴托	周四	14：35	15：52	
6	苏赫巴托	周四	21：50	23：10	
莫斯科时间					
7	纳乌什基	周四	19：20	21：10	
8	乌兰乌德	周五	01：18	02：03	
9	伊尔库茨克	周五	10：06	10：51	
10	克拉斯诺亚尔斯克	周六	03：46	04：08	
11	新西伯利亚	周六	15：34	15：53	
12	鄂木斯克	周六	23：21	23：39	
13	秋明	周日	06：22	06：42	

续表

站次	站名	日期	到达时间	开车时间	停靠时间
14	叶卡捷琳堡	周日	11:08	11:37	
15	别米尔	周日	17:16	17:36	
16	莫斯科	周一	13:58	/	/

1 假如你是茉茉,你会如何计算停靠时间?

2 计算过程中遇到了哪些困难?

3 写下计算思路和计算过程。

4 如何计算从北京站到集宁南站列车的行驶时间?写下计算过程。

磁 与 磁悬浮列车

> **是什么**
>
> ### 时间的计算
>
> 结束时间－开始时间＝经过时间。时间是60进制，时间的计算可以通过列竖式来进行，时减时，分减分，当分不够减的时候，则可以借1小时即60分钟再进行计算。比如16:04－13:54＝2:10。
>
> ### 24时计时法
>
> 一天共24小时，钟表上的时针正好走2圈。采用从0时到24时的计时法叫作24时计时法。将12小时制中的下午1点到午夜12点加上12小时就能转换成为24时制，当到达24点时，就是第二天的零点。

科学与工程实践活动 乘坐高铁去旅行

和京张高铁一起开通的，还有从大同到张家口的大张高铁和从张家口到呼和浩特的张呼高铁，三条高铁线路在张家口相互连通，大大便利了北京、大同和呼和浩特三地的交通。

● **定制旅行路线**

你将从北京出发，请选择你的目的地：大同或者呼和浩特。在下页图中标注出目的地，并用荧光笔画出你的高铁旅行路线。

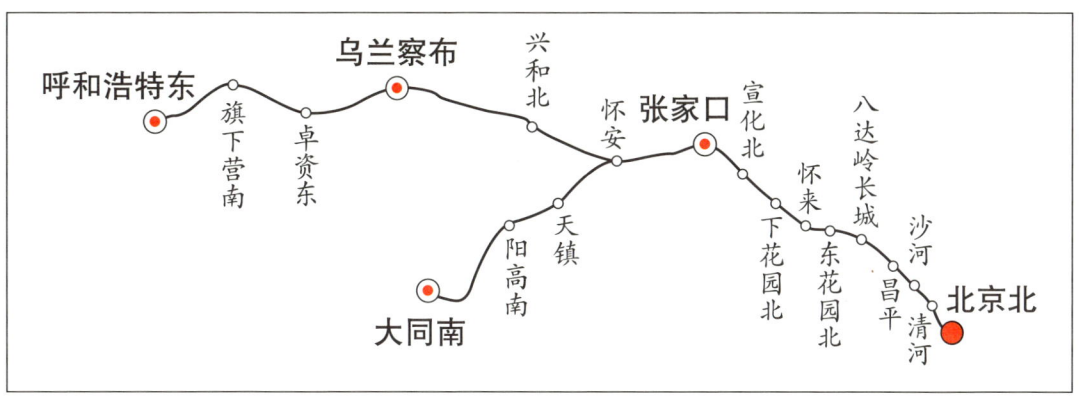

旅行地图

你知道吗

京张高铁线路：北京、清河、沙河、昌平、八达岭长城、东花园北、怀来、下花园北、宣化北、张家口。

大张高铁线路：大同南、阳高南、天镇、怀安、张家口。

张呼高铁线路：张家口、怀安、兴和北、乌兰察布、卓资东、旗下营南、呼和浩特。

● **目的地攻略**

上网查阅目的地资料，制作攻略。你打算查找哪方面的信息呢？可以从景点、美食、文化体验、个人爱好等方面做旅游目的地的攻略，让你的旅行丰富多彩。

小贴士

攻略呈现得越生动越好哦！

磁与磁悬浮列车

- **开始乘坐高铁旅行**

  小组成员姓名：_____

  我们的列车路线：从_____到_____

  我们途经了以下几个省份：_____

  我们途经了以下几个城市：_____

  我们行进的距离：_____

  我们所经之地的地形是：(例如山脉、河流、峡谷，并描述景观是什么样的)

  _____

  _____

  _____

  我们看到窗外的风景是(可以绘制图画或拍摄风景照片)：

课堂讨论

交通方式的改变得益于科学技术的快速发展，亲爱的同学，你觉得10年后列车会是什么样的？和你的同伴、老师分享一下你的看法吧！

2.3 魔幻神秘的磁力

磁所具有的特性让科学与工程实践小组的成员直呼太神奇，对于磁的研究兴趣愈加浓厚。茉茉想知道磁力是否能让纸青蛙飘在半空，小思想知道磁铁放在水中的话，吸引钉子的魔力会不会消失。他们找到科学老师提出自己的想法，老师告诉他们，首先要提出明确的、可操作的科学问题，才能做实验。如何把"我想知道"转换成能验证的科学问题呢？小组成员陷入了深思。你能帮助他们解决这些问题吗？

我想知道磁力是否能让纸青蛙飘在半空。

_____

我想知道磁铁能否在水中吸起钉子。

_____

你知道吗

像科学家一样提问

科学家最初往往带着好奇心来开启他们的研究，比如"我想知道如果我从更高的地方抛出一个球，它是否会弹跳更多次"。接着科学家把"我想知道……"的陈述句变成可操作的探究问题，比如"我抛出球的高度会影响其弹跳的次数吗？"围绕这样的问题，科学家逐步深入研究。

磁与磁悬浮列车

科学与工程实践活动：探究磁铁在水中的吸引力

把磁铁放在水中时，它还可以吸引钉子吗？若能吸起钉子，则当隔着多深的水时会吸不起来了呢？随着深度的增加，这种吸引力会不会消失？让我们一起来探究一下吧！

● 活动说明

请用给定的实验材料来探究磁铁在水中的吸引力。

● 活动材料

1个透明塑料杯，1杯水，2枚铁钉，2块条形磁铁，1支马克笔，1把刻度尺。

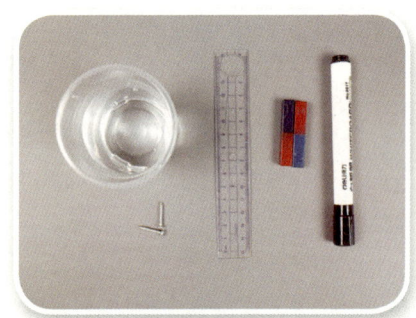

活动材料

● 活动内容

1. 设计一个实验方案，其中包括实验问题、实验假设、实验步骤及实验表格。

2. 基于之前所学的有关磁力的知识，将你的猜想记录在实验方案中。

3. 观察磁铁隔着不同深度的水，能否吸引铁钉，以及吸引铁钉的难易程度，将实验现象记录在你设计的实验表格中。

● 思考

1. 磁铁在水中的吸引力怎么样？请尝试利用实验数据来说明。

2. 你是如何用这些材料做实验的？在这个过程中你遇到了哪些问题，你是如何解决的？和你的小伙伴一起交流一下吧！

3. 磁铁隔着书本能吸引钉子吗？真空中磁铁能吸引钉子吗？通过查找相关资料或动手实验来寻找答案吧！

你知道吗

磁铁无论是隔着水、空气、书本，还是在真空环境下，都能吸引钉子，这是由于存在一种看不见、摸不着的特殊物质——磁场。即便在水中，磁铁也可以近距离地吸引铁钉，但是如果磁铁和铁钉的距离超出了磁铁的磁场范围，就很难吸引了。

科学与工程实践活动 制作悬浮青蛙

● **活动说明**

请用给定的实验材料让青蛙悬浮起来。

● **活动材料**

1卷透明胶带，1支铅笔，1把剪刀，若干张卡纸，2块条形磁铁，1支油性笔。

活动材料

● **活动内容**

设计一个实验方案,其中包括实验问题、实验步骤、实验表格。

● **思考**

1.青蛙为什么会悬浮在空中?你发现了磁的哪些特性?

2.你是如何用这些材料做实验的?在这个过程中你遇到了哪些问题,你是如何解决的?和你的小伙伴一起交流一下吧!

2.4 乘船去旅行

科学与工程实践活动：乘船去旅行

船是一种重要的交通工具，人们经过江河、湖泊、海峡时常常需要乘船。请用所学的有关磁力的知识制作一艘小船吧！

● **活动说明**

依照工程设计流程设计并制作一艘磁力小船，该船只能由磁力驱动，需携带4个50克钩码（代表乘客），在规定时间内完成挑战。最终将对比各小组制作的磁力小船行驶的速度与运输乘客（钩码）的安全性。

● **活动材料**

1副安全眼镜或护目镜，1块泡沫板，2个圆形小磁铁，2块条形磁铁，3根橡皮筋，2根牙签，若干张卡纸，1卷透明胶带，1个蓄满水的水池，若干水彩笔，1盒砝码。

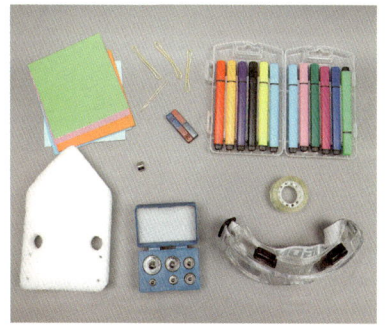 

活动材料

 磁与磁悬浮列车

● **活动规则**

1. 只能使用所提供的材料,但不需要全部使用。

2. 小船在保证安全的情况下必须尽快驶过水面。

3. 除了在比赛开始时将小船放入水中,其余时间不得用手触摸小船。

4. 你们小组制作的小船必须是独一无二的,可以自由装饰你们的小船。

5. 必须使用工程设计流程(EDP)来设计小船。

现在让我们一起来制作一艘小船吧!

 定义问题

在制作磁力小船之前,我们需要了解磁力小船的成功标准和限制条件。如磁力小船应该具备哪些功能?这就是成功标准。磁力小船应该克服哪些困难?这就是限制条件。

请和你的同伴成立小组,分工合作,共同解决问题。

成功标准和限制条件

成功标准	限制条件
1. 小船能够安全驶过水面	1. 小船浸湿后容易破损
2.	2.
3.	3.
4.	4.

项目二 神奇的列车

 了解问题

定义问题后需要进一步了解问题,例如,可以查阅"纸船的哪种结构更加稳定""怎样才能让小船漂浮在水面上"等相关资料,结合资料提出制作方案。

1　分工合作:依据成功标准和限制条件来查阅相关资料。

2　交流讨论:筛选有用的资料,提出可行性方案。

 拟订解决方案

1　画出磁力小船的草图,并说明设计理由。

2　列出制作磁力小船的步骤。

3 写出制作过程中需要用到的工具、材料和技术。

 尝试解决方案

当小组拟订完解决方案后，就可以开始尝试解决方案，按照设计方案制作模型。

1 用彩笔等材料装饰你们的小船，让它独一无二。

2 制作过程中遇到了哪些问题？你们是如何解决的？

遇到的问题和解决方法

遇到的问题	解决方法

 **测试解决方案**

小船模型已经制作完成了，现在请采用合理的方式进行测试吧！

1 请描述磁力小船的测试情况,包括小船的行驶速度、乘客乘坐的安全性等。

2 在测试的过程中,你们发现了哪些不足?

确定测试方案

1 针对测试结果,你们会做出哪些改进?

_____
_____

2 画出改进后的磁力小船草图,根据改进后的草图对小船进行完善。

3 重新测试解决方案,直到小船完全满足要求。

展示与评价

1 向全班同学展示并介绍改进后的磁力小船。

2 小组成员对本组的表现进行评价。

3 收集其他小组的意见和建议。

项目三

便利的交通

项目活动

在本项目中,我们将学习如何制作出行预算清单;将从多个角度对各种交通工具进行比较;将了解磁悬浮列车的悬浮原理并研究电磁铁的相关性质;将了解反冲现象,制作一辆气球动力小车,并探究其速度和质量的关系;还将帮助小思一家制订一个极具吸引力的出行计划。

磁与磁悬浮列车

3.1 旅游预算"小能手"

一次旅行需要花钱的地方不少,经济成本是制订出行计划时需要考虑的一个非常重要的因素,我们首先要学会科学地制订活动预算。预算作为一种数量化的详细计划,是对未来某项活动细致、周密的安排。

我是预算"小能手"

科学与工程实践活动 一起逛超市吧

● 活动说明

每组派3个成员扮演顾客在超市购物,每组有价值5000元的游戏币,请在10分钟内购买物品。记得总价不能超过预算哦。

● 活动要求

制订一个计划,预计你们将要购买哪些物品,并做一个成本预算。你们要花尽量少的钱购买需要的物品,让你们的旅行拥有更高的性价比。

● 活动材料

1叠彩色便笺纸,1盒彩色水笔,1个

一起逛超市

购物袋，5000元游戏币，1个购物架。

教师已在彩色便笺纸上写明各种物资的名称及价格，包含住宿、餐饮、交通等几个方面，并随机放置在了购物架上。有以下物品可供选择：

- 运动鞋：399元游戏币
- 运动外套：499元游戏币
- 遮阳帽：55元游戏币
- 酒店：399元游戏币/晚
- 特色民宿：120元游戏币/晚
- 当地小吃：20元游戏币
- 自助晚餐：99元游戏币
- 看电影：35元游戏币
- 做发型：180元游戏币
- 20寸行李箱：380元游戏币
- 30寸行李箱：520元游戏币
- 医药箱及常备药品：120元游戏币
- 飞机票：2元游戏币/千米
- 火车票：1元游戏币/千米
- 电动车租赁：99元游戏币/天
- 自行车租赁：49元游戏币/天
- 博物馆门票：40元游戏币

● **活动记录**

1. 将你购买的物品按照必需物品和非必需物品进行划分。

必需物品	非必需物品

2.数一数你买了多少非必需物品？_____

3.请分别说出购买这些物品的理由，并将汇总的数据做成图表，图表内容尽可能详细。向大家描述一下，本小组花在哪一方面的费用最多？为什么？

柱状图是最基础的图表之一，是用长方形的高低来表示数据大小，并对数据进行比较分析。如下图所示，该柱状图的横轴是时间轴，纵轴是数据轴。

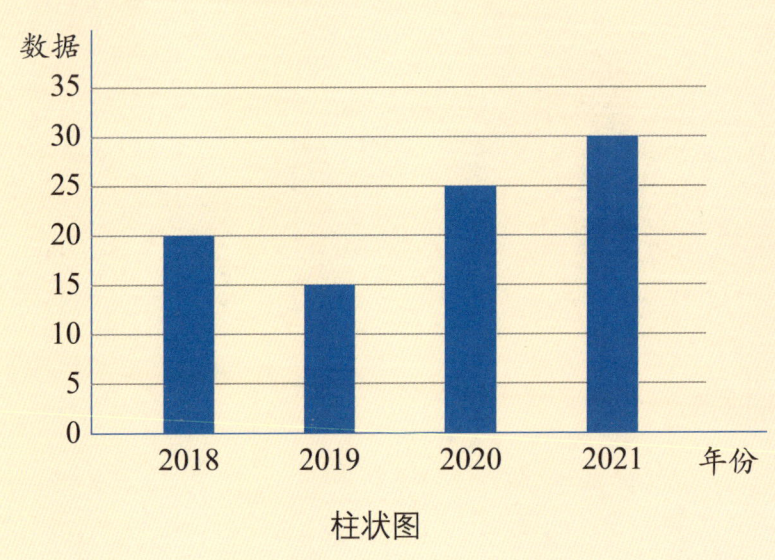

柱状图

3.2 交通工具大比拼

同学们，你们知道什么交通方式对环境的影响最大吗？

交通工具大比拼

你知道吗

航空运输相同的货物引起的大气污染是陆上运输的数倍，是水上运输的数十倍。航空运输引起的大气污染主要发生在高空，会使降水中有害物质增加。航空运输被认为是对环境影响较大的运输方式，在一定程度上加剧了全球变暖。

请为小思一家的武汉之行做一个前期调研，调查并记录飞机、火车、汽车这些交通方式分别具有哪些特点。

小组成员合理分工，并充分利用网络资源搜集以下几个因素的数据。思考还有哪些因素会影响出行方式的选择，在表格中进行补充。

磁与磁悬浮列车

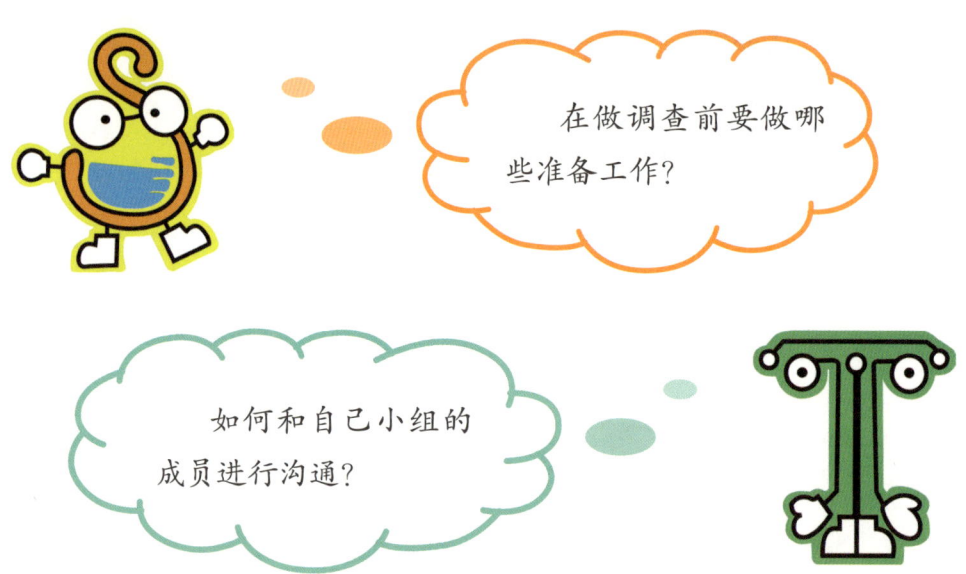

武汉之行前期调查表

因素	飞机	火车	汽车	负责人
时间				
费用				
环境				
舒适度				
安全性				
除了低碳，你觉得还要考虑哪些因素，请你补充				

根据调查结果，小组成员针对具体的影响因素进行讨论，对不同的交通方式进行优劣比较。

说一说你们认为最理想的出行交通工具，并说明原因。

科学与工程实践活动 最佳旅行计划

你们小组现在需要为小思一家制订一份具有吸引力的出行计划来赢得他们的青睐，从而争得"最佳旅行社"的称号。

旅行前需要在交通方式选择、食宿安排、活动路线、成本预算等诸多方面进行精心设计与策划。为了使你们的方案看上去更具说服力，请结合前面的学习内容，试着完成这份出行计划吧！

- **定义问题**

小思一家准备去武汉这座英雄城市旅游，人均有2000元预算，你需要说服他们选择你们制订的出行计划。

- **了解问题**

你需要对目的地进行调查并帮助他们选择一种最佳的交通方式。

小思一家的目的地是武汉，你需要让他们了解以下信息：

武汉之行信息表

项目	
环境天气 （各个季节的平均气温是多少？在推荐的旅行时间中，该地区天气情况如何？）	
交通方式 （结合本节学习内容，根据实际距离、时间成本等因素做出推荐）	
观光计划 （你们小组为小思一家计划了哪些活动？请至少列举3个）	
人文地理文化 （武汉有哪些特殊的历史故事、民俗文化、地理风貌）	

● **拟订解决方案**

你们小组所推荐的旅行计划和交通方式，是否在小思一家的旅行预算范围之内？请你完成以下预算表。

武汉之行预算表

支出项目	预算费用
交通费	
住宿费	
餐饮费	
活动费	
其他开销 （例如购买纪念品）	
总计	

● **尝试解决方案**

你们小组还需要制作一份精美的PPT演示文稿和一份宣传海报，说服小思一家认同你们的出行计划。PPT演示文稿和宣传海报需要包含以下内容（也可涉及更多内容），并满足展示时间要求。请你们小组积极准备，与其他小组一起参加竞选！

1. 推荐的旅行时间、该时间段的天气状况和季节特点。

2. 交通方式的选择和理由。

3. 性价比高的旅行预算。

4. 观光活动的图片和路线。

5. 武汉人文地理方面的介绍。

6. 展示时间为8～10分钟。

● **测试解决方案**

展示你们小组制订的出行计划，并听取大家的意见。

● **确定解决方案**

1. 针对测试结果和大家的意见，你们小组会做出哪些改进？

_____

_____

2. 修改并完善你们小组的PPT演示文稿和宣传海报。

磁与磁悬浮列车

3.3 电磁铁——磁悬浮的运动原理

1820年，丹麦物理学家奥斯特在一次实验中无意发现，通电导线下方的小磁针转动了一下，而断电后小磁针又转回了原来的状态。原来通电导线的周围存在磁场，这也是电磁铁工作的基本原理。磁悬浮列车是通过改变电磁铁的磁极来实现列车的前进，在此过程中电磁铁功不可没。电磁铁和磁铁又有什么联系和区别呢？让我们一起来研究电磁铁的性质吧！

科学与工程实践活动　电磁小实验

● 活动说明

制作电磁铁，探究改变铜线缠绕线圈的匝数或改变电流方向会对电磁铁产生什么影响。

● 活动材料

3节干电池和1个电池盒，3根3毫米粗细的铜线（长度分别为60厘米、90厘米和120厘米），1根长钉子（长度为15～20厘米），1根条形磁铁，1盒回形针，1卷绝缘胶带，1把剪刀。

活动材料

项目三　便利的交通

● **活动准备**

在活动开始之前,观察老师演示的电磁铁,你需要预测改变铜线缠绕线圈的匝数或改变电流方向会对电磁铁产生什么影响。

你的预测:

_____

_____

● **活动步骤**

1. 缠绕线圈。选择60厘米长的铜线,在铁钉的两端各预留5厘米左右的长度,将其余铜线缠绕在铁钉上,数一数你在钉子上缠绕了多少圈。

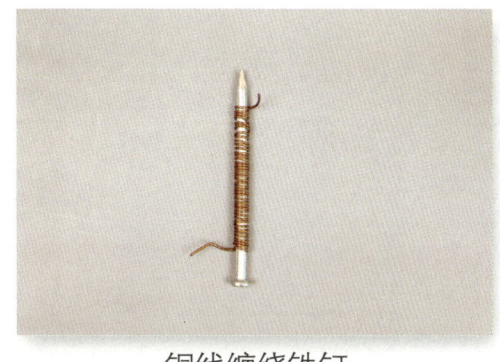

铜线缠绕铁钉

2. 连接电路。将预留的两段铜线分别连接在干电池的两端,连接处用绝缘胶带固定,一个简单的电磁铁就制作完成了。

电路连接

3. 测试铜线缠绕匝数的改变对电磁铁磁性强弱的影响。用一个回形针制作一个挂钩,将其吸引到电磁铁上,再陆续挂上更多的回形针,记录可以吸引的回形针数量。再分别用90厘米和120厘米的铜线制作电磁铁,记录它们可以吸引的回形针数量。

4. 测试磁极的改变对电磁铁的影响。用条形磁铁的N极靠近电磁铁的一端,记录观察到的现象。改变两段铜线所连接干电池的正

59

磁与磁悬浮列车

负极方向，再用条形磁铁的N极靠近电磁铁同一端，观察与之前相比较是否发生变化。

是什么

自变量是实验中有计划地设置或改变的因素，因变量是由自变量的变化而发生变化的因素。

● 活动记录

1.记录每次实验时，回形针被吸引的数目。

电磁小实验探究表

铜线长度/厘米	线圈数量/匝	回形针数量/个	结论
60			
90			
120			

2.将通电线圈靠近磁铁的N极，发生了什么现象？改变两段铜线所连接干电池的正负极方向后，再将线圈靠近磁铁的N极，发生了什么现象？你的假设正确吗？你能得出什么结论？

_____

_____

与同伴交流你的研究结果，可以利用数据加以解释。

你知道吗

通电导线周围会产生磁场，以此原理而制造的电磁铁被应用到了包括磁悬浮列车等各个场景。电磁铁的磁性强弱受线圈匝数的影响，匝数越多，磁性越强，吸引的回形针就越多。电流的方向也会改变电磁铁的磁场方向，当改变电池正负极的接法或改变线圈缠绕方向时，条形磁铁两个磁极的相互作用也会发生改变。这就是磁悬浮列车中通过磁极的改变来控制列车导向的原理。

● **思考**

学习了电磁铁的知识，你认为电磁铁和磁铁有什么相似之处呢？它们又有何不同呢？与同学分享一下你的看法吧！

3.4 新驱动助力

除了用磁力推动物体外,我们还有哪些办法可以推动物体前进呢?

反冲现象

当人从船上往岸上跳时,船会离开岸边向后退;当小船静止停在湖中,人在船上向前走时,小船又会向后移去。同学们,你们有注意到这些生活中的有趣现象吗?

其实这些现象都叫反冲。在反冲运动中,与冲力方向相反的作用力是反冲力。

你知道吗

众所周知的喷气式飞机和火箭也都是靠喷出气流的反冲作用而获得巨大速度的。现代的喷气式飞机,靠连续不断地向后喷出气体,飞行速度能够超过1000米/秒呢!气体通过发动机产生巨大压力,最后通过尾部喷口高速喷出,这时气体产生的反作用力,使飞机向前飞行。喷出的气流速度越大,飞机就飞得越快。

如何利用反冲原理，制作一辆用气球驱动的小车？让我们一起通过活动来探究吧！

科学与工程实践活动 制作气球动力小车

- **活动任务**

制作一辆气球动力小车。

- **活动材料**

1副护目镜，1个气球，1卷海绵胶，1卷透明胶，1根吸管，1把剪刀，1辆由塑料轮子、细金属棒和积木组装的小车。

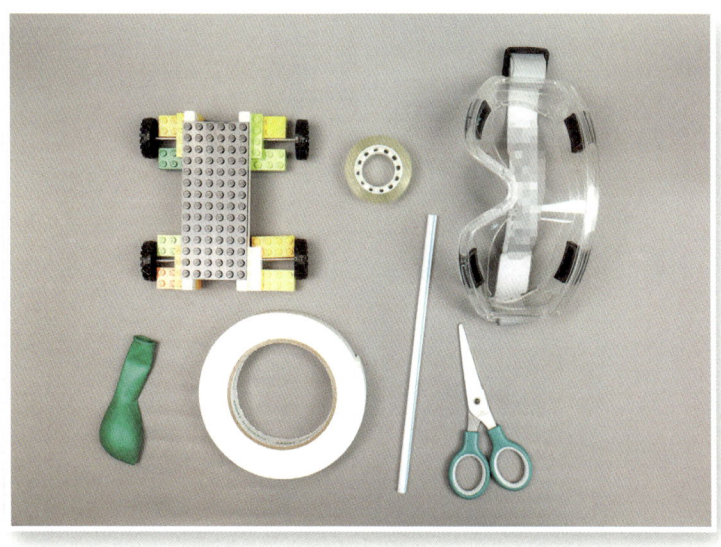

活动材料

- **活动步骤**

1. 用塑料轮子、细金属棒、积木组装一辆小车。
2. 用剪刀剪一段7～8厘米长的吸管。

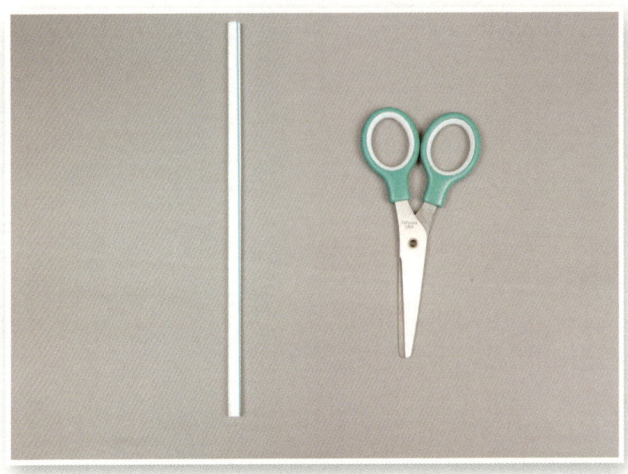

剪吸管

3.用透明胶固定气球和吸管的连接处,保持连接处密封。

4.将连接气球的吸管固定在车身上,从吸管的另一端往气球内充气后,用手指封住吸管口,将小车放在一个光滑的地面上,松开手指,观察小车的运动方向和距离。

气球小车

● 思考

在小车上增加积木,小车的运动速度会发生什么变化?

3.5 加速前进

经过一番努力，大家成功制作了一辆气球动力小车。小思又想：如何才能让小车行驶得更快呢？如果小车的质量增加，小车的行驶速度会有什么变化？让我们一起来探索一下吧！

是什么

质量通常指物体中含有物质的多少。

如果增加小车的质量，小车的运动速度会发生变化吗？请你用"如果……那么……"的表述来提出一个假设。

我们需要做实验验证假设，请你确定实验中的自变量和因变量分别是什么。

1. 测试的问题：_____
2. 自变量：_____
3. 因变量：_____

科学与工程实践活动 探究质量与速度的关系

◆ 活动过程

1.选择一个起点并用有颜色的胶带标记其位置。从起点开始测量1米的距离，再用另一条胶带标记终点位置。

2.小组中分别选择不同的成员作为计时员、发令员和吹气员（确保实验中他们的"职务"不变）。

3.当吹气员吹好气球时，就可以开始实验了。发令员一旦说开始，吹气员立刻释放小车上的气球，计时员开始计时。

● **活动记录**

计时员要用秒表或计时器测量出小车从起点到终点需要的时间，并记录在下表中。

气球小车实验记录表

增加的质量/克	前进1米的时间/秒	速度/(米/秒)
0		
3		
5		
7		
10		

根据记录的数据，你发现：

项目三　便利的交通

你的结论是：

课堂讨论

1. 当小车质量为多少时，气球无法再让它动起来？
2. 如果是一辆磁悬浮列车，如何让它在不接触轨道的情况下运动？如何让它行驶得更快？

项目四

我的列车我做主

项目活动

前期我们已经学习了地理、地图以及磁悬浮列车方面的知识，并为小思一家制订了武汉旅游的出行计划。在本项目中，我们将迎来最终挑战——为其他客户选择一个度假地，并且设计制作一个可以快速、安全地送客户到达度假地的磁悬浮列车模型；将通过探究阻力对小车速度的影响，获得使小车运行更快的方法；将调查历史上列车不同的驱动方式，并为列车模型选择一种合适的驱动方式。

4.1 列车速度我规划

在前几个项目中，我们已经学习了与开展活动相关的所有知识，在本项目中，我们将迎来最终挑战——为客户选择一个度假地，设计制作一个将客户快速、安全地送往度假地的磁悬浮列车模型，并且向客户推销科学与工程实践小组所制订的出行计划。科学与工程实践小组成员开始思考，如何才能让磁悬浮列车行驶得更快呢？

列车想要行驶得更快，有两个方面的因素需要考虑：第一是尽可能地减小阻力，第二是增大动力。这两个因素在列车的设计中具体是如何体现的呢？让我们一起想一想，补充完善下面的表格。

影响列车速度因素记录表

影响因素	问题思考
车子的形状	什么形状阻力最小？
车子的质量	重一点好还是轻一点好？

在项目三中，科学与工程实践小组成员已经认识到质量对小车运行速度的影响，现在他们打算探究阻力对小车的影响。小车在不同的接触面行驶，运行速度相同吗？所受到的阻力一样吗？

小思猜测在越光滑的接触面上，小车所受到的阻力越小，运行速度越快。小思的假设成立吗？让我们一起来探索一下吧！

科学与工程实践活动　阻力对小车运行速度的影响

● 活动任务

通过改变阻力，探究阻力对小车运行速度的影响。

● 活动材料

1张瓦楞纸，1卷胶带，1盒砝码，1块毛巾，若干支圆形彩笔，1根橡皮筋，1把刻度尺，1个秒表等。

● 活动内容

1. 设计一个实验方案，其中包括实验问题、实验假设、实验步骤等。

2. 基于所学的知识，将你的猜想记录在实验方案中。

3. 将瓦楞纸用胶带粘贴为一个上方开口的盒子，在其一侧固定一根橡皮筋，做成一辆简易小车。

4. 改变接触面，一是平整的桌面，二是在桌面上平铺几根圆形彩笔，三是在桌面上垫一块毛巾，用相同的力拉动小车，观察并记录在不同的接触面上小车的运行情况。

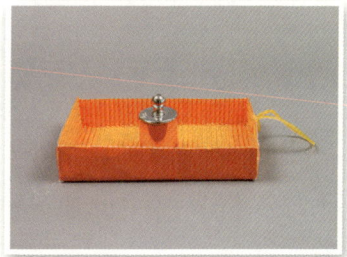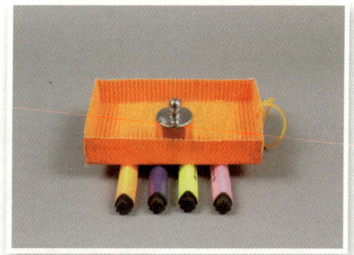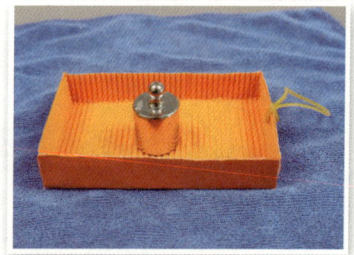

不同接触面对小车行驶速度的影响

不同接触面上的小车在相同拉力下的运动情况记录表

接触面	相同的力拉动小车时，10秒内小车运行的距离/厘米
平整桌面	
铺有彩笔的桌面	
垫有毛巾的桌面	

● **思考**

1. 接触面不同时，小车所受到的阻力相同吗？接触面发生改变，小车的运行速度是否也发生了变化？这和你的假设相符吗？

2. 在活动过程中你遇到了哪些问题？你是如何解决的？和你的小伙伴一起交流一下！

是什么

两个相互接触并且挤压的物体之间在相对运动时会产生**摩擦力**，摩擦力的大小与接触面的粗糙程度有关，一般情况下，接触面越光滑，则摩擦力越小，小车的行驶速度越快。

磁与磁悬浮列车

4.2 我让列车跑起来

科学与工程实践小组需要为磁悬浮列车模型选择一种合适的驱动方式，让它可以沿着轨道运行。请你加入吧！

科学与工程实践活动 现代列车的动力研究

- **活动内容**

通过调查，了解中国历史上的列车都采用过哪些驱动方式。

- **活动要求**

小组合作开展调查活动，列举你查找到的列车驱动方式，并将这些驱动方式按照时间先后顺序排列。

课堂讨论

如果让你选择一种更快、更安全、更环保的列车驱动方式，你将使用什么能源或者通过什么方式来驱动列车呢？

小思联想到前面学习中使用过的气球和磁铁都可以作为驱动方式，那么哪种驱动比较快呢？小思邀请小伙伴们一起通过实验进行比较。特特还提出，是否可以尝试其他驱动方式？让我们一起来试试吧！

科学与工程实践活动 驱动方式选择

通过调查，在了解了中国历史上的列车不同的驱动方式后，你们小组的磁悬浮列车模型将会选择哪种驱动方式呢？在上一个项目中我们尝试制作了气球小车，以气球驱动小车前进。在制作磁悬浮列车模型时，我们既可以选择气球驱动，也可以借助以下材料来选择驱动方式。

- **活动材料**

2个气球，1辆塑料小车，1根条形磁铁，若干圆形磁铁，1把剪刀，1把刻度尺，1个秒表等。

- **活动任务**

为你们小组的磁悬浮列车模型选择一种合适的驱动方式，来推动列车沿着轨道运行。

磁与磁悬浮列车

● **活动要求**

列车运行时,手不可以触碰列车。

● **活动过程**

1. 实验准备:你打算在实验前做什么准备?如何和自己小组的成员沟通?如何听取小组成员的建议?

2. 驱动方式选择:你们小组所设计制作的磁悬浮列车模型,可以像真实的磁悬浮列车一样,由电磁铁来驱动行驶,也可以使用其他驱动方式。你们计划为模型选择哪种驱动方式呢?

3. 开展实验:采用你们选择的驱动方式进行实验。你们的列车能跑起来吗?还有其他驱动方式能使列车跑得更快吗?

两种驱动方式的对比实验图

小车驱动方式选择实验记录表

驱动方式	小车质量相同时,运行1米需要的时间/秒
气球	
磁铁	

◉ 思考

1. 你们准备选择哪种方式来驱动磁悬浮列车模型？为什么你们觉得这种方式比较快？

2. 你们小组所选择的驱动方式和别的小组相同吗？和他们一起交流一下！

3. 你会如何给你的小伙伴提建议，以及如何帮助伙伴？

记得尊重他人的观点，并对其他成员保持礼貌。

4.3 我是小小设计师

在了解了磁、驱动方式和运行速度等相关知识后,小伙伴们是不是已经跃跃欲试,迫不及待地想要开始磁悬浮列车模型的制作了呢?科学与工程实践小组成员表示已经做好参加磁悬浮列车挑战赛的准备了,他们决定通过工程设计流程来完成磁悬浮列车模型的制作。

科学与工程实践活动 磁悬浮列车挑战

● 活动说明

依照工程设计流程设计并制作磁悬浮列车模型。列车需携带两个塑料人偶(代表乘客)在轨道上行驶至少1米。在规定时间内完成挑战,最终将比较各小组磁悬浮列车的运行速度与运输乘客的安全性。

● 活动材料

1块轻纸板,1根条形磁铁,若干圆形小磁铁,1把胶枪,1卷胶带,2个塑料人偶(代表乘客),2个气球,1把剪刀,1把刻度尺。

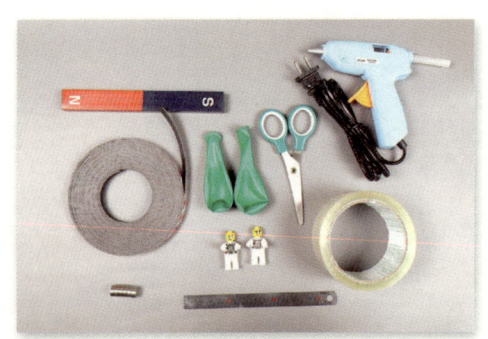

活动材料

项目四 我的列车我做主

◉ 活动要求

1. 小组成员都必须参与列车模型的设计与制作。

2. 只能使用提供的材料制作列车,不允许使用其他材料。

3. 列车宽度必须在7～12厘米,长度在7厘米以上。

4. 列车开动过程中,手不能碰到它(可以使用磁铁沿着轨道推或者拉列车)。

5. 列车应能在规定的轨道上行驶至少1米。

6. 列车必须把"乘客"安全送到轨道末端。

7. 可以使用先前课程中的所有信息或资源。

现在开始你们的制作吧!

 定义问题

小组讨论:制作磁悬浮列车的成功标准和限制条件都有哪些?

成功标准和限制条件记录表

成功标准	限制条件
小思认为:能在轨道上行驶1米以上	特特认为:驱动方式会影响列车运行速度
小伊认为:	茉茉认为:

 了解问题

查阅"采用哪些材料来制作磁悬浮列车模型""磁悬浮列车的行驶原理是什么"等相关资料。我们也可以联系前面所学的知识,"同

77

名磁极相互排斥"也许可以让小车减小阻力悬浮起来，气球的反冲力可以为列车提供驱动力。

1 小组分工合作，依据成功标准和限制条件来查阅相关资料。

2 交流讨论，筛选最佳方案，并说明理由。

 拟订解决方案

1 画出磁悬浮列车模型的草图，注明磁铁与气球的安装位置，并说明设计理由。

2 列出制作磁悬浮列车模型的步骤。

3 写出制作过程中需要用到的工具、材料和技术等。

 尝试解决方案

按照你们的设计开始尝试制作模型吧！在制作过程中遇到了哪些问题？你们是如何处理的？

遇到的问题和解决方法

遇到的问题	解决方法

 测试解决方案

1 对磁悬浮列车模型进行测试，查看是否达到效果。

（1）列车能否稳定地悬浮在轨道之上？如果没有，能找到是什么原因造成的吗？

_____

（2）驱动装置是否可以正常工作？气球安装位置是否合理？

_____

 磁与磁悬浮列车

（3）在行驶过程中，列车有没有遇到阻力？假如有，是什么原因产生的？

_____

（4）列车的速度是否足够快？测量计算列车在正常行驶状态下的速度。

_____

2 通过测试，磁悬浮列车还有哪些方面可以进一步完善？

_____

 **确定解决方案**

1 根据测试结果，你们会做出哪些改进？

_____

2 画出改进后的草图，根据改进后的草图进一步完善磁悬浮列车。

3 重新测试解决方案，直到磁悬浮列车完全满足要求。

 **展示与评价**

1 讨论你们小组的磁悬浮列车模型最大的特点与优势是什么。想一想如何介绍，才能体现磁悬浮列车的特点和安全性，以此吸引乘客。

2 向全班同学展示并介绍你们小组改进后的磁悬浮列车模型。

3 小组成员对本组的表现进行评价。

4 收集其他小组的意见和建议。

 磁与磁悬浮列车

4.4 我的磁悬浮列车

 **视频制作**

磁悬浮列车模型制作完成之后，你们小组还需要制作一个介绍度假地和列车的视频，以吸引乘客乘坐磁悬浮列车前往度假地。那么视频应该包含哪些元素，又该如何展示呢？

课堂讨论

听一段新闻报道或者公开演讲，你觉得是什么原因让他们的展示内容听起来很有趣，又是哪些地方吸引了听众的注意力？

记录新闻播音员的播报中你认为有趣的、吸引人的内容。

你知道吗

视频新闻的新闻价值主要体现在：时新性、重要性、显著性、趣味性、接近性等。同时视频新闻的画面要具有现场感，能描绘生动真实的现场环境，传达富于感染力的现场气氛。

和其他小组的同学进行分组配对，在3分钟的时间内互相采访，调查对方最喜欢的度假地，然后分别在30秒内把这些度假地介绍给全班同学。

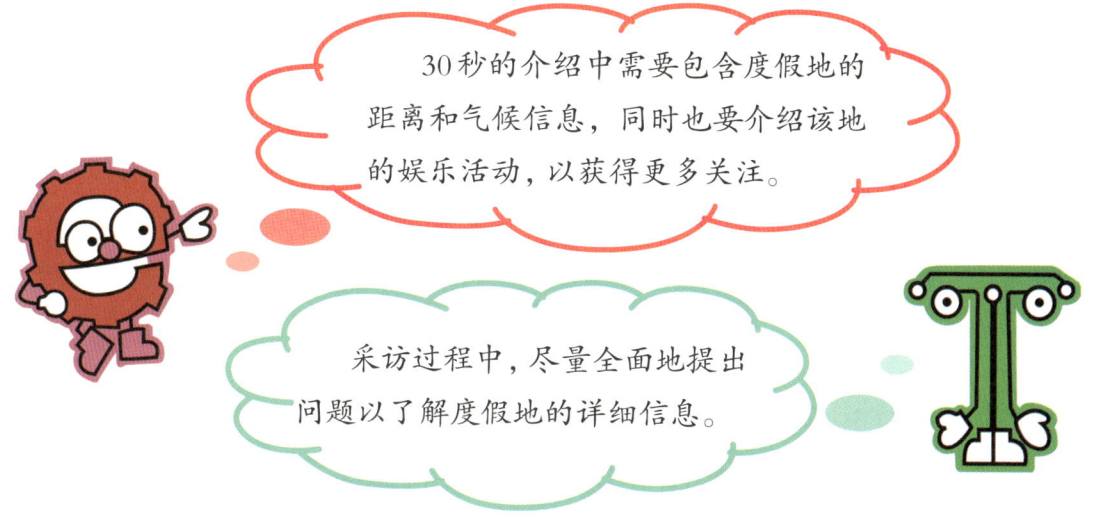

30秒的介绍中需要包含度假地的距离和气候信息，同时也要介绍该地的娱乐活动，以获得更多关注。

采访过程中，尽量全面地提出问题以了解度假地的详细信息。

科学与工程实践活动 出行计划汇报

要让更多的人了解我们的出行计划，必须做好宣传推广工作。通过调查采访，我们知道了公众的需求，也知道了要制作一个宣传视频应该包含哪些元素。让我们一起来制作一个推广出行计划的视频吧！

- **活动任务**

制作一段介绍度假目的地和磁悬浮列车的视频（8～10分钟）。

- **活动要求**

1. 小组成员都必须参与到视频制作中。
2. 视频中应该包含度假地的位置、地形和天气等信息。

3. 视频中应展示磁悬浮列车,介绍设计、速度和其他特点。

4. 视频中应说明"为什么旅行者要选择该度假地"。

5. 视频中应说明"为什么旅行者应该选择乘坐磁悬浮列车前往度假地"。

课堂讨论 你们打算选择哪些音乐和画面放在视频中?包含哪些内容?这些内容的顺序怎么安排?小组成员怎么分工?

制作一个电视节目或专门的视频需要进行规划和组织。请你来规划视频中的元素,将小组介绍、度假地的描述、度假地的信息、磁悬浮列车的信息以及你还想介绍的其他内容记录下来。

科学写作

现代社会中存在着交通拥堵和交通不便的问题,人们也在运用各种技术手段来解决这些交通问题,让生活更加便利。

现在已经出现了各种新型交通工具,并且出现了无人驾驶、智能驾驶等新技术,未来交通拥有无限可能。请描述一种你觉得在

项目四　我的列车我做主

2050年可能使用的交通方式。

1 用简洁的语句介绍你认为在2050年可能使用的交通方式。

2 介绍这种交通方式的主要特征，在写作过程中，可以补充相关的图片等信息。

磁与磁悬浮列车

3 这种交通方式相比于其他交通方式有什么优点？可以从时间、费用、对环境的影响、舒适度、安全性、智能化、人性化等方面考虑。

参考文献

［1］华东师范大学，浦东新区社会发展局.高中物理一年级沪科版［M］.上海：上海科学技术出版社，2011．

［2］人民教育出版社，课程教材研究所，物理课程教材研究中心.初中物理八年级上册［M］.北京：人民教育出版社，2012．

［3］祝士媛.中国学前教育百科全书：学科教育卷［M］.沈阳：沈阳出版社，1995．

［4］上海教育出版社.地理六年级上册［M］.上海：上海教育出版社，2004．

［5］卢乐山，林崇德，王德胜.中国学前教育百科全书：学科教育卷［M］.沈阳：沈阳出版社，1995．

［6］林崇德，姜璐，李树权.中国小学教学百科全书：自然卷［M］.沈阳：沈阳出版社，1993．

［7］华东师范大学，浦东新区社会发展局.物理九年级下册［M］.上海：上海教育出版社，2004．

［8］人民教育出版社物理室.高中物理第二册（必修加选修）［M］.北京：人民教育出版社，2004．

［9］上海教育出版社.地理六年级上册［M］.上海：上海教育出版社，2004．

［10］地理课程教材研究开发中心.义务教育教科书地理七年级上册［M］.北京：人民教育出版社，2012．

［11］朱清时.义务教育教科书科学七年级上册［M］.杭州：浙江教育出版社，2018．

［12］莫衡.当代汉语词典［M］.上海：上海辞书出版社，2001.

［13］教育部中小学教材审定委员会.义务教育课程标准实验教科书语文六年级上册［M］.北京：人民教育出版社，2018.

［14］盛艳清.浅析全面预算管理的相关问题［J］.经营者，2014（04）：91.

［15］中国质量协会.QC小组基础教材（第2版）［M］.北京：中国社会出版社，2005.

［16］陈汝龙.航空运输与环境［J］.上海环境科学，1990（01）：41.

［17］魏龙渝.教育科学研究概论［M］.北京：石油工业出版社，2001.

［18］王辑梧.中学生物理课外读物：空气的故事［M］.上海：上海教育出版社，1966.

［19］人民教育出版社物理室.全日制普通高级中学教科书（必修）物理第二册［M］.北京：人民教育出版社，2003.